JOSÉ FERRER
(1835–1916)

Charme de la Nuit

Selected Character Pieces for Guitar
Ausgewählte Charakterstücke für Gitarre
Morceaux Caractéristiques pour la Guitare
Selección de Piezas Características para Guitarra

edited by : herausgegeben von : edité par : editado por
SIMON WYNBERG

Contents : Inhalt : Table : Contenido

		page
	Preface	ii
	Vorwort	ii
	Préface	iii
	Preambulo	iv
1.	Ejercicio from *Varios Ejercicios, Coleccion 3ª*	1
2.	El Amable from *Coleccion 8ª de Ejercicios y Preludios*	2
3.	Vals from *Coleccion 9ª de Ejercicios*	3
4.	Estudio from *Estudios, Coleccion 4ª*	4
5.	Vals from *Coleccion de Valses*	6
6.	Melodía	8
7.	Nostalgia from *Estudios, Coleccion 4ª*	10
8.	L'Étudiant de Salamanque op.31	12
9.	Charme de la Nuit op.36	14
10.	La Danse des Naïades op.35	16
11.	Belle op.24	19

© 1985 by Faber Music Ltd
First published in 1985 by Faber Music Ltd
Bloomsbury House 74–77 Great Russell Street London WC1B 3DA
Music drawn by Robin Crofton
Cover design by S & M Tucker
Printed in England by Caligraving Ltd
All rights reserved

ISBN10: 0-571-50847-2
EAN13: 978-0-571-50847-1

The cover illustration, drawn by Edouard Manet for the
title-page of *Plainte Moresque*, op.85, by J. Bosch,
is reproduced by permission of the Bibliothèque Nationale, Paris.

PREFACE

This anthology represents the first major renewal of interest in the Spanish guitarist-composer José Ferrer, whose charming salon music has been out of the repertory for many years. Most of the pieces are drawn from a group of autograph manuscripts in the private collection of Robert Spencer and have never before been published. They appear here with Mr Spencer's kind permission. The remaining works – those with opus numbers – have been selected from editions in the Bibliothèque Nationale, Paris. With the exception of *Belle*, which was published *chez l'auteur*, these were issued in the 1890s by Pisa, and formed part of a catalogue that included compositions by Ferrer's guitarist contemporaries Cottin, Bosch and Zurfluh.

José Ferrer Esteve de Fujadas was born in Torroella de Montgri, near Gerona, on 13 March 1835[1]. This places him in the generation of composer-virtuosi that succeeded Coste, Mertz, Regondi and Zani de Ferranti, the guitarists who saw their instrument's popularity wane as its place in domestic music-making was usurped by the ubiquitous piano (increasingly becoming easier and cheaper to mass-produce). Nowadays there is a widely-held but fallacious view that the guitar was saved from joining the ranks of obsolete instruments like the glass-harmonica and tenoroon by Tarrega and later Segovia. In reality it was never completely ousted, and many pockets of guitar enthusiasts remained active throughout the nineteenth and well into the twentieth century. Ferrer was a member of this community. He studied first with his father, a music collector and a guitarist himself, and then with José Brocá, leaving for Paris in 1882, the year of Brocá's death. In Paris he taught at the Institut Rudy and at the Académie Internationale de Musique, where, as the dedications on his published works suggest, the majority of his students were female. In addition to his teaching commitments, Ferrer performed regularly as a recitalist and at society soirées. For three years he was also professor of guitar at the Conservatorio del Liceo in Barcelona, where he made his home in 1898. He visited Paris once again, probably to organise the publication of his works, returning finally to Barcelona in 1905 where he remained until his death in 1916, the same year as his better-known colleague Francisco Tarrega.

A complete list of Ferrer's works is not yet available. About 50 pieces were published, mainly by the houses of Vidal, Pisa and Dupont, but according to Domingo Prat 60 or more remain in manuscript. His compositions include guitar solos, duets for two guitars and guitar and flute, and several songs. In addition to his work as composer, teacher and performer, Ferrer was active as a guitar historian. His 'Reseña Historica de la Guitarra' was published in *Mundo Grafico* (Madrid), and his unpublished *Method*[2] contains some invaluable historical reference material. It comprises short studies and exercises with explanatory notes, and represents a comprehensive guide to guitar technique, full of insight and clearly demonstrating Ferrer's intimate knowledge of the instrument. Of Ferrer himself we know little, save that he was a deeply religious man and well-respected by his colleagues. No-one has yet undertaken a full study of his life and works.

In preparing this collection I have added some left hand fingering, mainly to the manuscript works, and most right hand fingering; very few of Ferrer's own fingerings have been altered. In a few instances, the notation has been modernised and rests have been added to clarify the part-writing; otherwise, all additions are indicated by square brackets and alterations to the music noted at the foot of the page. Original titles and dedications have been retained in full.

Ferrer's guitar music explores a wide range of instrumental techniques, and for this reason it is particularly valuable to the novice. But equally, the music is always imaginatively and idiomatically composed, and will not fail to give pleasure to beginners and more advanced players alike.

Simon Wynberg
1985

1. Biographical information on Ferrer is drawn from the short entry in Domingo Prat's *Diccionario de Guitarristas* (Buenos Aires, 1934). Prat knew the composer personally, so the details are likely to be reliable. The same information, probably taken from Prat's dictionary, reappears in Philip Bone's *The Guitar and Mandolin* (London, 2nd edition, 1954).

2. The autograph manuscript of this work originally belonged to Prat, but is now in the collection of Robert Spencer.

VORWORT

Diese Anthologie entspringt dem neu erwachten Interesse am Werk des spanischen Gitarristen und Komponisten José Ferrer, dessen charmante Salonstücke während vieler Jahre nicht mehr aufgeführt worden sind. Die meisten dieser Stücke wurden einer Serie von Originalmanuskripten in der Privatsammlung von Robert Spencer entnommen und sind bisher noch nie veröffentlicht worden. Sie erscheinen hier im Druck mit der freundlichen Erlaubnis von Mr Spencer. Die übrigen Werke mit Opus Nummern stellen eine Auswahl dar aus Ausgaben, welche in der Bibliothèque Nationale in Paris aufbewahrt werden. Mit Ausnahme des Stückes *Belle*, welches *chez l'auteur* erschien, wurden diese in den Neunzigerjahren des vorigen Jahrhunderts von Pisa herausgegeben als Teil einer Sammlung, die auch Kompositionen für Gitarre von Ferrers Zeitgenossen Cottin, Bosch und Zurfluh enthielt.

José Ferrer Esteve de Fujadas wurde am 13. März 1835 in Torroella de Montgri bei Gerona geboren.[1] So gehörte er zur Generation von Komponisten-Virtuosen in der Nachfolge von Coste, Mertz, Regondi und Zani de Ferranti, den Gitarristen, welche die Popularität ihres Instruments schwinden sahen, als dieses vom Klavier verdrängt wurde, das immer mehr an Popularität gewann (und in Massenproduktion immer leichter und billiger hergestellt werden konnte). Heute ist man irrtümlicherweise in weiten Kreisen der Ansicht, es sei Tarrega und später Segovia zu verdanken, dass die Gitarre nicht wie die Glasharmonika und das Tenorfagott in Vergessenheit geraten ist. In Wirklichkeit ist die Gitarre nie ganz verdrängt worden und viele Gruppen von Freunden der Gitarre blieben aktiv im 19. und bis ins 20. Jahrhundert. Ferrer gehörte zu einer solchen Gruppe. Er studierte zuerst bei seinem Vater, der selber ein Musiksammler und Gitarrist war, und dann bei José Brocá, und ging 1882, im Jahr von Brocás Tod, nach Paris. Dort unterrichtete er am Institut Rudy und an der Académie Internationale de Musique, wo, nach den Widmungen seiner veröffentlichten

Werke zu urteilen, die meisten seiner Studenten weiblichen Geschlechts waren. Ausser seiner Lehrtätigkeit gab Ferrer regelmässig Konzerte und spielte an gesellschaftlichen Anlässen. Drei Jahre lang war er auch Professor für Gitarre am Conservatorio del Liceo in Barcelona, wo er sich 1898 niederliess. Er besuchte Paris noch einmal, wahrscheinlich zwecks Publikation seiner Werke, und kehrte 1905 nach Barcelona zurück, wo er bis zu seinem Tod im Jahre 1916 wohnte. Im gleichen Jahr starb auch sein Zeitgenosse Francisco Tarrega.

Ein vollständiges Verzeichnis von Ferrers Werken steht noch nicht zur Verfügung. Etwa 50 Stücke wurden veröffentlicht, vorwiegend von den Verlagen Vidal, Pisa und Dupont, doch nach Domingo Prat sollen weitere 60 oder mehr als Manuskripte vorhanden sein. Ferrer komponierte Solostücke für Gitarre, Duette für zwei Gitarren und für Gitarre und Flöte, und verschiedene Lieder. Nebst seiner Arbeit als Komponist, Lehrer und Musiker betätigte sich Ferrer auch als Historiker im Gebiet der Musik für Gitarre. Seine 'Reseña Historica de la Guitarra' wurde im *Mundo Grafico* (Madrid) veröffentlicht, und seine unveröffentlichte *Method*[2] enthält wertvolle geschichtliche Hinweise. Sie enthält kurze Etüden und Uebungen mit Erläuterungen und ist eine vollständige Einführung in die Technik des Gitarrespielens, ein Zeugnis des Einfühlungsvermögens Ferrers und seiner intimen Kenntnis der Gitarre. Ueber Ferrer selbst wissen wir nur wenig, ausser, dass er ein sehr religiöser Mann war und von seinen Kollegen geachtet wurde. Bis heute hat noch niemand seinem Leben und Werk eine ausführliche Studie gewidmet.

Beim Zusammenstellen dieser Sammlung habe ich einige linke Fingersatznotierungen hinzugefügt, vor allem bei den Manuskripten, und den grössten Teil der rechten Fingersatznotierungen; nur sehr wenige von Ferrers eigenen Fingersatznotierungen sind geändert worden. In einigen Fällen wurden die Schreibweise modernisiert und Pausen hinzugefügt, um die verschiedenen Partien deutlich hervorzuheben; alle übrigen Zusätze sind in eckigen Klammern und Aenderungen in der Partitur sind unten auf der Seite vermerkt. Die Originaltitel und Widmungen wurden beibehalten.

Ferrers Musik für Gitarre erstreckt sich über einen weiten Bereich instrumentaler Techniken und ist darum besonders wertvoll für den Anfänger. Gleichzeitig ist aber Ferrers Musik von Phantasie und Eigenständigkeit geprägt, und sowohl der Anfänger als auch der fortgeschrittenere Gitarrenspieler wird daran Gefallen finden.

Simon Wynberg
1985

Übersetzung: Ursula Riniker

1. Biographische Einzelheiten über Ferrer stammen aus dem kurzen Text in Domingo Prats *Diccionario de Guitarristas* (Buenos Aires, 1934). Prat kannte den Komponisten persönlich, und die Angaben dürften zuverlässig sein. Die gleiche Information, vermutlich dem Lexikon Prats entnommen, erscheint in Philip Bones *The Guitar and Mandolin* (London, 2. Ausgabe, 1954)

2. Das Originalmanuskript von Ferrers Werk war ursprünglich im Besitz von Prat, ist aber jetzt in der Sammlung von Robert Spencer.

PREFACE

Cette anthologie représente la première grande renaissance d'intérêt pour le guitariste-compositeur espagnol José Ferrer, dont la charmante musique de salon ne figure plus dans le répertoire depuis de nombreuses années. La plupart des morceaux sont extraits d'un ensemble de manuscrits autographes qui font partie de la collection privée de Robert Spencer, et sont publiés ici pour la première fois grâce à Monsieur Spencer, qui en a très aimablement donné la permission. Le reste des morceaux – ceux qui sont pourvus de numéros-opus – sont extraits des éditions déposées à la Bibliothèque Nationale, à Paris. A l'exception de *Belle* qui fut publiée chez l'auteur, ces morceaux sortirent chez Pisa pendant les années 1890, et faisaient partie d'un catalogue qui contenait aussi des oeuvres de Cottin, Bosch et Zurfluh, guitaristes contemporains de Ferrer.

José Ferrer Esteve de Fujadas naquit à Torroella de Montgri, près de Gerona, le 13 mars 1835[1]. Il appartient ainsi à la génération de compositeurs-virtuoses qui succéda à Coste, Mertz, Regondi, et Zani de Ferranti, guitaristes qui avaient vu décliner la popularité de leur instrument à mésure que le piano (dont la fabrication en grande-série devenait toujours plus facile et moins coûteux) en usurpait partout le rôle dans le foyer familial. De nos jours il y a une tendance générale, mais pourtant erronée, de croire que ce fut grâce à Tarrega, et plus tard Segovia, que la guitare échappa au sort des instruments tels que l'harmonica en verre et le ténoron, qui passèrent complètement de mode. En réalité, elle ne fut jamais complètement évincée, et de nombreux cercles d'amateurs de guitare restèrent actifs pendant tout le 19ième siècle et même bien dans le 20ième. Ferrer faisait partie de ce mouvement. Après avoir commencé ses études chez son père, collectionneur de partitions de musique et guitariste luimême, il les continua avec José Brocá, avant de quitter l'Espagne pour Paris en 1882, l'année de la mort de Brocá. A Paris il devint professeur à l'Institut Rudy et à l'Académie Internationale de Musique, où, comme le suggèrent les dédicaces de ses oeuvres publiées, la plupart de ses étudiants étaient des femmes. En outre de ses devoirs de professeur, Ferrer apparaissait régulièrement comme soliste aux concerts et aux soirées. Pendant trois ans, il fut aussi professeur de guitare au Conservatorio del Liceo à Barcelone, où il s'installa en 1898. Il retourna encore une fois à Paris, probablement pour organiser la publication de ses oeuvres, et en 1905 rentra finalement à Barcelone, où il resta jusqu'à sa mort en 1916, la même année où mourut aussi son collègue plus connu, Francisco Tarrega.

On n'a pas encore dressé un répertoire complète des oeuvres de Ferrer. 50 morceaux environ furent publiés de son vivant, principalement par les libraries Vidal, Pisa et Dupont, mais selon Domingo Prat il en existe au moins 60 autres, inédits. Son oeuvre compte des morceaux pour guitare seule, des duos pour deux guitares et pour guitare et flûte, et plusieurs chansons. Outre son travail de compositeur, professeur et interprète, Ferrer entreprenait des recherches sur l'histoire de la guitare. Sa 'Reseña Historica de la Guitarra' fut publiée dans le *Mundo Grafico* (Madrid), et sa *Méthode*[2] inédite contient des renseignements historiques d'une valeur inestimable. Cette oeuvre-ci comporte de courtes études et des exercices avec des notes explicatives, et constitue un manuel compréhensif sur la technique de la guitare qui démontre clairement par ses remarques perspicaces la profondeur des connaissances de

Ferrer au sujet de son instrument. Au sujet de Ferrer lui-même on ne sait que peu, sauf qu'il était très dévot, et que ses collègues lui accordaient le plus grand respect. Jusqu'a présent, personne n'a entrepris une étude complète de sa vie et de ses oeuvres.

En préparant ce recueil, j'ai ajouté quelques doigtés pour la main gauche, principalement dans les oeuvres provenant des manuscrits, et aussi la plupart des doigtés pour la main droite; je n'ai modifié que très peu des doigtés de Ferrer lui-même. Dans quelques cas, j'ai modernisé la notation, et j'ai ajouté des pauses pour rendre plus claire la disposition des voix; à part cela, toute addition est indiquée par des crochets, et toute modification à la musique est notée en bas de la page. Les titres originaux et les dédicaces sont reproduits intégralement.

L'oeuvre pour la guitare de Ferrer utilise un large éventail de techniques instrumentales et par conséquent il est particulièrement recommandé aux novices. Mais d'autre part les morceaux sont toujours composés avec fantaisie et de façon idiomatique, et ne manqueront donc pas de plaire à la fois aux débutants et aux guitaristes expérimentés.

Simon Wynberg
1985

Traduction: Katharina Brett

1. Les renseignements biographiques sur Ferrer proviennent d'un court article dans le *Diccionario de Guitarristas* de Domingo Prat (Buenos Aires, 1934). Vu que Prat connaissait personnellement le compositeur, on peut bien se fier des détails. Les mêmes renseignements, tirés probablement du dictionnaire de Prat, se retrouvent dans *The Guitar and Mandolin* par Philip Bone (London, 2e édition, 1954).

2. Le manuscrit autographe de cette oeuvre appartenait autrefois à Prat, mais fait maintenant partie de la collection de Robert Spencer.

PREAMBULO

Esta antología representa la primera renovación mayor de interés, de la música del guitarrista y compositor español José Ferrer, cuya encantadora música de salón ha estado excluida del repertorio por muchos años. La mayoría de las piezas han sido tomadas de un grupo de manuscritos autografiados, de la colección privada de Robert Spancer, que no han sido jamás publicadas. Estas piezas son publicadas bajo la gentil autorización del señor Spencer. Los otros trabajos, los cuales tienen número de opus, han sido seleccionados de ediciones de la Bibliotheque Nationale, en París. Con la excepción de *Belle*, que fué publicada *chez l'auteur*. Estos fueron dibulgados alrededor de 1890, por Pisa, y formaron parte de un catálogo que incluyó composiciones de los guitarristas-compositores contemporaneos de Ferrer, como Cottin, Bosch y Zurfluh.

José Ferrer Esteve de Fujadas nació en Torroella de Montgri, cerca de Gerona, el 13 de marzo de 1835[1]. Esto lo coloca en la generación de compositores virtuosos que siguió la de Coste, Mertz, Regondi, y Zani de Ferranti, que fueron guitarristas que vieron caer la popularidad de su instrumento, en su sitio de música doméstica, por la floreciente popularidad del absurdo piano, que usurpó su lugar. (El piano era cada día mas fácil y menos costoso de producir.) En nuestros días hay una opinión, que aunque erronea es ampliamente aceptada, que la guitarra se salvó de unirse a los rangos de instrumentos obsoletos, como el Tenorón, por Tarrega y luego Segovia. En realidad la guitarra nunca fué completamente abandonada y muchos grupos de entuciastas de este instrumento siguieron muy activos atravez del siglo IXX y principios del siglo XX. Ferrer fué un miembro de esta comunidad. Sus primeras lecciones las recibió de su padre, que fué un coleccionista de música y guitarrista también. Luego estudió con José Brocá y en 1882 el año de la muerte de Brocá, se encamino rumbo a París. En París dió clases en el instituto Rudy y en la Academie Internationale de Musique, donde, como sugieren las dedicaciones de sus trabajos publicados, la mayoría de los alumnos eran mujeres. Además de sus compromisos como profesor, Ferrer se presentaba con regularidad como recitalista y en reuniones musicales de sociedad. Durante tres años fué profesor del Conservatorio del Liceo en Barcelona, donde se estableció en 1898. Ferre hizo una última visita a París, probablemente para organizar la publicación de sus trabajos, regresando finalmente a Barcelona en 1905, donde permaneció hasta su muerte en 1916, el mismo año que su mas conocido colega Francisco Tarrega.

Todavía no se ha producido una lista completa de los trabajos de Ferrer. Cerca de 50 piezas fueron publicadas por la casas de Vidal, Pisa y Dupont, pero de acuerdo a Domingo Prat mas de 60 obras estan aún en manuscrito. Sus composiciones incluyen solos para guitarra, duetos para dos guitarras, guitarra y flauta, y algunas canciones. Además de su trabajo como compositor e interprete, Ferrer era un historiador sobre el tema de la guitarra. Su "Reseña Histórica de la Guitarra" fué publicada en *Mundo Gráfico* (Madrid) y su *Método*[2] inédito contiene algún material de referencia histórica de incalculable valor. Este método contiene estudios cortos y ejercicios con notas explicativas y representa una guía comprensiva para la técnica guitarrística, con una visión muy amplia, lo cual demuestra el conocimiento íntimo de la guitarra que Ferrer tenia. De Ferrer como persona se sabe muy poco, salvo que era un hombre profundamente religioso y respetado por sus colegas. Todavía nadie ha hecho un estudio completo de la vida y obra de Ferrer.

En la preparación de esta edición he agregado alguna digitación de la mano izquierda, mas que todo en los trabajos de manuscrito, y la mayoría de la digitación para la mano derecha. En algunos casos la escritura musical ha sido modernizada y silencios han sido añadidos para clarificar la escritura de diferentes voces, de resto todas las adiciones han sido indicadas entre paréntesis y alteraciones a la música marcadas con nota a pié de página. Son publicados en su enteridad los títulos y dedicaciones originales.

La música para guitarra de Ferrer explora una amplia gama de técnicas instrumentales y por esta razón son de particular valor para el novato. Pero esta música es compuesta de una manera idiomática e imaginativa, por lo cual no fallará en complacer a los novatos como a los interpretes mas avanzados igualmente.

Simon Wynberg
1985

Traducción de: Arturo Cuéllar

1. La información biográfica sobre Ferrer ha sido obtenida del *Diccionario de Guitarristas* (Buenos Aires, 1934) que incluye un corto autículo escrito por Domingo Prat. Prat conocía al compositor personalmente y por esto los detalles son muy probablemente ciertos. La misma información, probablemente tomada del diccionario de Prat, reaparece en *The Guitar and Mandolin* de Philip Bone (London, 2nd Edición, 1954).

2. El manuscrito de este trabajo era propiedad de Prat, pero ahora forma parte de la colección privada de Robert Spencer.

1. EJERCICIO

Allegretto

© 1985 by Faber Music Ltd

2. EL AMABLE

3. VALS

4. ESTUDIO

* tied b editorial

5. VALS

6. MELODÍA

7. NOSTALGIA

8. L'ÉTUDIANT DE SALAMANQUE
Pièces Caractéristiques Espagnoles
à mon élève Madame Valentine Sarrut

TANGO

VALSE

* Imitation du tambour de Basque (panderete)

*tamburo on the strings, ponticello, with the m finger

9. CHARME DE LA NUIT
Nocturne
à mon élève Miss Elisabeth Osborne

Andante maestoso

* in source

* d in source

10. LA DANSE DES NAÏADES
à mon élève Madame Thérèsita Wurgler

* in source

* 𝅘𝅥. in source   ** #𝅝 in source

11. BELLE

Gavotte
à mon élève Melle Belle Wooden